La Colección Vitrales de Alejandría acepta la convivencia armoniosa de las diferentes estéticas tal como el vitral reúne los muchos colores o las arenas múltiples, la clepsidra; con respeto y aceptación de todas las formas poéticas.

Memorial de la caída

JOAQUÍN MARTA SOSA

(Nogueira,1940)
Poeta, narrador, ensayista, periodista.
Individuo de Número de la Academia
Venezolana de la Lengua y Miembro
Correspondiente de la Real Academia
Española, también profesor
universitario de Literatura y Ciencias
Sociales. Entre sus poemarios
publicados destacan: *Anunciación*
(1964), *Para la memoria del amor* (1978),
Territorios Privados (1999), *Las manos del
viento* (2002), *Domicilios del mar* (2003),
Amares (2007), *Gangia* (2011), *Campanas
de Nogueira* (2011), *Cartas para Floria*
(2012) y *Urbasa* (2014). Sus poemas,
traducidos al alemán, coreano,
portugués, italiano e inglés, están
presentes en varias antologías
venezolanas y extranjeras. Su poesía,
bien recibida por la crítica, ha motivado
textos de Rafael Cadenas, Eugenio
Montejo, Elizabeth Schön, José Balza,
Rafael Arráiz Lucca, entre muchos
otros. Fue coordinador del trabajo
colectivo *Aproximación al canon de la
poesía venezolana* (2013) y autor de
*Navegación de tres siglos / antología básica
de la poesía venezolana* (2003 y 2013). En
narrativa publicó un libro de relatos,
No todos los días son felices (2011) y una
novela, *No cesa de llover* (2016). En
ensayo, hay que mencionar:
Socio-política del arte y la literatura (1975)
y *La ecología literaria como responsabilidad
del escritor* (1984), así como la
coordinación del libro colectivo
*Derrotar la desigualdad / el reto crucial de
nuestro tiempo* (2015). También cuenta
con amplísima obra como crítico,
cronista y prologuista, dispersa en
diarios, revistas, portales y libros tanto
venezolanos como españoles.

Joaquín Marta Sosa

Memorial
DE LA CAÍDA

Editorial Eclepsidra
COLECCIÓN VITRALES DE ALEJANDRÍA

POESÍA

EDITORIAL ECLEPSIDRA
Carmen Verde Arocha, Directora General.
Luis Gerardo Mármol, Director Asociado.

COLECCIÓN VITRALES DE ALEJANDRÍA
POESÍA

Memorial DE LA CAÍDA

1ª edición, 2016
© Joaquín Marta Sosa
© Editorial Eclepsidra, Asociación Civil
© Fotografía del autor: Ana Cristina Henríquez

COORDINACIÓN Y PRODUCCIÓN EDITORIAL
Carmen Verde Arocha
María Antonieta Flores

ASISTENCIA A LA PRODUCCIÓN EDITORIAL
Rafael González García

DIAGRAMACIÓN Y MONTAJE
Fabiana Schael Medina

Editorial Eclepsidra A.C.
RIF: J-30098908-9
EMAIL: editorialeclepsidra@gmail.com
: Editorial Eclepsidra
TELÉFONOS: 0412.999.34.48 / 0414.244.52.71

Hecho el Depósito de Ley
DEPÓSITO LEGAL: MI2016000139
ISBN: 978-980-6480-72-8
Caracas, 2016

Memorial
DE LA CAÍDA

Dedico estos poemas

a **Rafael Cadenas**
ejemplo del vínculo crucial entre poeta y ciudadano

a **los todos los que resistieron
antes, durante y después de la caída**

a **los que sin creer se rindieron**

a **quienes por creer se sometieron**

a **los que no tomaron partido**

*y muy en especial a quienes han hecho posible
que este libro esté en tus manos*

**Jorge Roig
Miguel Génova
Ignacio Juaristi
Gerver Torres
Fernando Martínez Móttola**

Sartre dijo alguna vez,
luego de que le hablaran del Gulag soviético:
si estos campos existieron
no se debe decir nada sobre ellos.

Sueño tenaz

Cualquier historia

un cuaderno   esta bombilla
el gusano que no es de seda

cualquier historia
puede ser vista contada leída

la imaginación también

enamorarse
las batallas y fracasos
un invento hermoso
cada creación perfecta

todo puede ser visto y leído
contado

y sin pasar de su tenue superficie
darlo todo por sabido

la historia
de los acontecimientos
ideas revelaciones conflictos
sumisiones   dominios
revueltas

oculta
la de verdad

la irrescatable
la que viene de lo profundo

13

y allí quedó sumida
allí   en sus hondonadas

cualquier historia
que se vea   se cuente se lea
poca verdad contiene
escasa verdad ofrece

ella se escapa
de todo intento carcelario

es parca y simple

no sólo misterio
sino enigma del misterio

en ella vamos a tientas
en la arena de sus huellas
que el viento se encarga de borrar

El poema lo sabe
desde siempre

no es el pasado residencia del infierno
ni el futuro los paraísos de la tierra
(como dijeron y nos dicen)

es en este crudo presente
su hoy   su aquí
donde vale la verdad

el que se empeña
en descubrirla sin ropajes ni desnuda
en la sutileza de sus palabras inaudibles

sólo en él podemos escuchar
tanto lo que nunca calló
como todo lo que estuvo callado

en sus escrituras
precisas y difusas
siempre invisibles para el ojo

las irredimibles olas
nos dicen tarde a tarde
que el vivirlas
convierte en imposible
el intento de contarlas

revelarla
un sueño tenaz   intransigente
a punto de cumplirse
o de perderse

vivirla
es lo único que cuenta

Marcas de hielo y fuego

Mi oído nada escucha
los ojos nada ven

más allá
sobrevive todo lo que pueda imaginar

una mujer a quien lapidan
        y necesito proteger
de los fanáticos

quiero hablar con este niño
que muestra la metralleta en su regazo

deseo irme al fondo del río
donde el ferrocarril de pasajeros
ajenos a estas guerras
cae
dinamitado por soldados

ignoro
si algo puedo hacer

Desde lejos
consientes paladear
tu mundo tan minúsculo
donde cualquier suceso
es muy pequeño   y no lo es

permite creer que no pesa
        al menos en exceso
y no es así

donde nada ocurre, crees

desde el principio
sabes que es mentira

que a nadie puedes mentir
en estas horas   y a ti menos

quieras o no
a hielo y fuego ellos te marcan

17

La oscuridad del paraíso

La vida

esa infalible

la que se vive desde el fondo
no deja resquicios para descansar
    o la meditación serena

la que mide nuestro peso

las risas del terror

que a veces miras
o te alcanzan en su espanto

muestran la vida
de verdad

sin regocijo
pocas alegrías
escasa y tardía recompensa

no hay otro remedio ni descanso
vivirla
es la única esperanza

sangrienta y dolorosa
puede estremecerte
mucho más que la soledad cuando te apresa

ni tan siquiera tu repulsa
contra lo que ocurre a ras de la mirada

puedes convertirla
en quietud de tu conciencia

paz nunca la hay

nunca del todo está dispuesta
            se gana a pulso intenso
no así la guerra
        bellaca de antifaces tan variados

único banquete
con el que cada día
            a cada persona
intentaron obsequiar y obsequiaron
con luces de artificio
                falsedades de palabra
ilusiones de un segundo

fiesta
en la que muchos tomaron un asiento

por la que otros
jamás sintieron tentación

repudiaron el banquete
sin odiar (a veces)   sin despreciar (a veces)
a cualquiera de los comensales
sumisos   favorecidos   aquiescentes

ante el festín se hicieron fuertes

y tú
a esta invitación
dijeron y te dicen
        con todas tus puertas
        dales en la cara

19

Provisiones del miedo

Peor es no sentirlo

andar en medio de la oscuridad
sin conciencia de su abrazo

sentarte a ver pasar los asesinos
y no imaginarte en el punto de su mira

suponer que para ellos
tu existencia resulta indiferente

Peor es ignorarlo
desconocerlo es peor

mirar alrededor sin percibir las manos hoscas

decididas a pesar de que sean pocas

oír con atención
aunque no seas capaz de distinguir
la amenaza que sisea en la pistola
y otras armas

en el golpe de madera
de las balas

en las voces roncas que se acercan a tu cuello

Peor es no sentirlo

Hechos que titilan uno a uno
por los instantes más sacudidos
de tu cuerpo

Para que no te detenga
tienes que sentirlo

padecerlo a fondo y muy intenso
tomarlo entre tus dientes,
bien adentro masticarlo

dices
pese a lo que duela
salir adelante
si es necesario arrastrando en ti a cada uno
y a ti mismo

el miedo a la muerte desaparece
y no del todo
cuando vivir cuesta demasiado

21

Guerras de su fuego

Por encima de las tierras
que a sus botas
terribles como los desiertos
soportaron

bajo un sol irrespirable
que no permite ni flores ni alimañas

están esparcidas

siempre fueron su regalo preferido

cientos, miles
cajas de madera
abiertas unas, destrozadas otras
astilladas, desgarradas

unas pocas cerradas, herméticas

su madera oscura
del color de la materia
quemada en la impudicia de una hoguera

por los resquicios asoman, enormes,
balas de cañones
munición de pistolas
trípodes para metrallas
aviones artillados
barcos y submarinos
bombas tóxicas

regalos que prodigó
como panes recién hechos

si era la paz del futuro
decidieron imponernos la guerra

la fotografía no pregunta
cuántos muertos han vivido
ni cuántas vidas se perdieron

la realidad de la vida y de la muerte
no radica en las palabras

sí en el hormigueo que una hora antes
acaso menos,
precede al final de quienes aullaron
en sus guitarras de teatros y de fiebre

su tiempo les sirvió
para engendrar fuegos siniestros
que a sí mismos   y a ellos
los devora

la guerra alcanza su final

la paz
no promete todavía
su comienzo

Hablar para él mismo

Cada vez mayor
fue la sorpresa

hablaba sin parar
para que ningún otro lo hiciera

para que nada dijeran
acerca de torturas   perseguidos
la cárcel cada vez más cerca
para todos

hablaba sin final
para decir a veces nada

habló
hasta perder
cualquier memoria de la lengua

y aun así
restaban y restaban
más palabras

a raudales incesantes
roídas por él
cada vez más banales
que la nada

tentó a los demás
a ver si hablaban

de inmediato los calló

y él que todo lo sabía
sin saberlo
decidió no enmudecer

prosiguió desarmándose
en palabras
incapaces una a una de hablar nada

las gentes
en el rito inevitable y pesaroso
de olvidarlo
miran con asombro sin palabras

no obstante   él prosigue
habla infatigable
en la tumba y sus estatuas

todavía más allá

quiere hablar, seguir hablando
sordo como los cuchillos
habla, quiere hacerlo
en esa nada que puebla sus oídos

sólo él puede que se escuche
que no deje de escucharse

fue mientras habló
    luego se hizo poco
        después nada

su estación perfecta
    la arena: estéril   insaciable

olvidarlo es lento   pesado

entretanto
    las gentes son pájaros que emergen

25

Polvareda con fantasmas

Es el olor insoportable y abisal
de la mudez:

todo su cuerpo lacerado
antes de la muerte

Huellas y huellas
que se arrastran y carcomen
gritos agresivos
violencias en la carne
balas

No hay sigilo

ojos abiertos
ciegos
por la voracidad del proyectil

En los campamentos
a ras mismo de la calle
el abandono grita ensimismado

Ningún cuerpo logra despojarse
de la irrealidad de este mediodía

la resistencia no derrota al abandono
contra sus calles lo desplaza

en esta ciudad
a veces de fantasmas
ni siquiera los fantasmas son reales

Para ellos
nada más incomprensible
que los hechos

con dientes quebradizos
incapaces de sobrevivir en estas guerras
mastican sus angustias y sudores

charcos sucios
fachadas muertas
guijarros y pedazos de casas
y de gentes
largos postes de luz también abatida
calendarios sin sentido

De medio vivir estoy cansada
escribió en sus labios la estudiante
y salió entera a la calle con su vida

alumbra este sol
de bosques en verano
capaz de incendio en las hogueras

un perro
con el rabo entre las patas
observa aturdido, ensimismado
el escombro de los hechos
las basuras infelices

las sombras íngrimas se muestran

Al fondo de la cuesta de una calle

desvencijadas   sin ninguna gloria

cientos de sombras y perfiles
parecen iniciar un intercambio

27

por fin, dicen,
solos con nosotros mismos
a pesar de los destrozos

fantasmas, sin saberlo, polvareda
en los comienzos y extinciones de su mundo

al final él y otros
fueron polvo y van al polvo

Indocilidades atrevidas

Todo lo tenía entre sus manos
y a plena voluntad

tribus para la tortura
estrados rebosantes de sentencias preparadas

todo le amoldaban a lo largo de los días
según la palpitación de su mirada

terrores a mansalva y más aún
se nutrían contra todos los cercanos
y también alcanzaban a todos los lejanos

dilapidaba miles de amenazas
como simples monedas
que inundaban con su troquel barato
todos los bolsillos
cuerpos   ropas
y todavía más al fondo
y masivas y a mansalva
rumiaban
en el corazón de todos   y de todas

Las medallas
rabiosas estridencias
sólo a él condecoraban

fanático de cada una de sus furias
repicaba su tambor iracundo
por todo el territorio
y más allá del tiempo (eso creía)

29

torvo y sin fatiga no logró impedir
imperceptibles signos letales
en sus uñas

fueron suficientes
para desmontar la obra

trocar en cenizas
la espesa maraña escenográfica
poblada de muros
sin puertas
    ni ventanas
de fantasmas aterrados

el dueño del poder

de todas las guirnaldas que otorgaba

creía almacenarlo en el fondo de su lengua
por los siglos de los siglos sin amén

al asomar ahora el rostro sucio
en un desagüe embasurado

la cabellera tan lustral
hoy enmarañada
el ropaje marcial pringoso y arrugado
sobre el cuerpo

este día
se reveló
sin milagros falsos o reales
en la foto que nunca imaginó

el trono de metal incalculable
tras varios fuegos

disuelto pereció en la ofuscación
de su madera carcomida

por qué tanta angustia con su asfixia
si pánico y terror   odio y desprecio
ni prolongan ni acortaron
ese día desde el principio señalado

sólo a la espera de su fecha

el final resultó sólo ruin y previsible

sobre él caen las urracas desquiciadas

los espectadores no aplaudieron ni lloraron
a pesar de largas filas ante su cadáver invisible
como una noche aterrada ahora por el día

sus últimas palabras

igual que cualquier otro
y aún peor:

                no quiero morir
no dejen que me muera

el poderoso
también es un árbol que tiembla
por el miedo

31

los vientos que sembró
dan con él
            caído
    en un cuarto sin memoria

la muerte

a la que siempre dirigió
y amaestrada consumaba sus designios

por esta vez, indócil,

decidió no obedecerle

Monedas y memorias

Como todo en este reino
también ellos
que se imaginaron dioses
son fugaces

son, nada más,
depredadores y rapiña

nuevos opulentos
en nombre de los pobres
de entonces y de ahora
suplieron a los viejos
con iguales pudriciones
(ni siquiera en esto
fueron diferentes):

su revolución
calcó todas las cavernas del pasado
las adornó mucho más con oropeles
y vendió como tesoros indelebles

todos muy pronto convertidos en herrumbre
pesadillas de injurias
                 de reclamos

33

con ellos (muy pronto estuvo claro)
la inmortalidad nunca contará
y la eternidad menos aún

hacia el lugar de donde vinieron,
falsos, sobornables,

los obligaron aquel día a regresar
hasta perderse y condenarse

desleídos en arenas sigilosas
nada limpio dejan sobre el día
ninguna calle recogerá sus nombres

dioses se creyeron
no lo efímero que son
(al menos por un tiempo)

capaces son de insistir años después
merodear
y otra vez establecerse entre nosotros

a pesar de la vejez y de la insidia
el infame fulgor de sus monedas
siempre puede arrebatarnos

y de sí misma
desnudar nuestra memoria

su tentación es esta:

a veces puede decidir
que no recuerda nada

los que padecen, padecieron
todas y cada una de las hambres
pueden otra vez caer
y ser tentados por olvidos

y los abalorios de cuño nuevo y viejo
nunca agotan las quimeras
ni la canción de cada fantasía

las monedas, todas, cada una
supuran seducciones en manadas
y no es fácil escapar

en la memoria
sí   pueden nacer olvidos
pero ninguna moneda alcanza el valor
de suprimirla
        ni de impedir que reaparezca

Osadía silenciosa

A lo largo del tiempo
casi podemos entender
que sólo si desbrozas un paisaje,
invisible el tuyo,
tan incierto   tan deshabitado
las penas valen y las alegrías

de otro modo
las manos pulsan pesadillas
caen impasibles
se mantiene frío el corazón

hoy nadie preguntó
pues todos lo sabemos:
        en sus comienzos
ya el final abría su presencia

nos quitaron tantas cosas,
dice la pancarta,
que hasta el miedo nos quitaron

diste un paso,
otro te requiere la osadía
y no sólo ése sino todos

apartarse sin peste
aventurarse con los ojos
con los cuerpos
y toda su armadura
sin jamás pedir al cielo
y a nadie y con nada

en cualquier latitud llega diciembre
con sus tierras heladas
y el sol emergiendo de los ríos
para todo el que lo quiera

en compañía de quienes no lo fueron
los osados se retiran

un triunfo
después de las derrotas
sólo puede celebrarse con silencio

Puntos de ignición

Cuál es el punto de ignición
en el que luego de vertido en pavesas
tras ser devorado por cenizas en el agua
un país vuelve a iluminarse
reaparece en el centro del aire y de la tierra

el día llega:
          con mujeres, las hacedoras de la vida,
jóvenes, los enemistados con la muerte,
y multitudes de lugares similares y diversos

expropian para sí plazas y calles

contra las palabras
volvieron a abrirse la cárcel y el exilio

los resistentes van y vienen como mares encrespados

son muchos los que trazan escrituras
pocas veces indeleble
abierta a borrones y otras líneas

gentes que se niegan,
ya con un pie en él,
a llevar sus caligrafías al exilio
bastó con uno apenas
y los indigentes de antes y de ahora
se desembarazaron del letargo
cuando decidieron
(¿por cuánto tiempo? nadie sabe)
que de ataduras nada más

y propician el hartazgo de muros,
puertas carcelarias, destierro y lejanías
huelgas de hambre que llevan a la muerte
pancartas y cuerpos cansados de tanto mal vivir

y cada vez que a uno aniquilaban
(creían eso)
engrosaban el arco descontento   lo tensaban

el punto de ignición y del arrojo
se acercan uno al otro

resistir hoy y mañana
y después si es necesario

quisieron acabar con el sagrado nimbo de los
                                              [cuerpos
y esa pretensión
(no importa el tiempo necesario)
la pagan los culpables

con su vida seguirán obligados a mirar
que no pudieron con la nuestra
ni con la de esos creyentes que dejaron de hechizar

cuál es este punto de ignición
nadie lo sabe
pero suele anunciarse mucho antes de llegar

el que para entonces tenga oídos,
tal es su claridad, lo escuchará

las habitaciones de la historia arreglaron a su gusto
como un regalo confortable (se decían, nos decían)
que tuviesen merecido por todos los años venideros

tras robarnos nuestra condición de gente
(eso se impusieron)

y acabarnos en la faz de nuestra tierra
(eso pretendían)

fuimos aprendiendo una lección:
nada, nada es para siempre

resistir hoy y mañana
y después si es necesario

vino la gente una vez más   enorme tromba
sed (no de venganza, o también),
sí con mucha sed de sol abierto y lunas claras
        y la historia urdida entre escritorios trémulos
        radiofonías sordas, televisiones ciegas
        callejones levantados con afiches
                    mes a mes sólo de afiches
fueron arrasadas

después (tomó su tiempo)
sólo después comenzó el mar a serenarse
y nunca quiso ser   jamás debía serlo

un mar de sangre

Vigilia en los olvidos

te asalta el miedo
el abrirse de una puerta
a la que nunca te has abierto
o el timbre para que abras

miedo
al que tras esa puerta sin abrir
está aguardando

puede que sea sólo a ti
y no te atreves,
no lo oyes

no quieres atreverte

si decidieras y abres
puede que apenas encontrases
el susurro de una fiesta
paciente y laboriosa

donde solo   humilde
un breve resplandor
puede que te hable
y pase lo que pase
te decides y resistes

41

no lo entiendes
salvo que golpea
el centro mismo en tu interior

el olvido les parece
un paraíso formidable

la fiesta y sus olvidos
no mutilan el futuro
es en el presente
donde ceban, siniestros,
sus colmillos

cuando de él
es sólo polvo lo que resta
ningún futuro llega

fiestas y olvidos
el corazón los necesita

presidido por alertas y vigilias
para oírlos regresar

cuando regresen
(puede ser cuestión de días)

y ser capaces de impedirlo

Restos de cenizas

Con la noche a punto de caer
guturaciones y goteos emergen de su boca
miles de guijarros arenosos
agua lodosa, espesa

en ellos se consume
se va enterrando en ellos
de un modo radical
semejante a la estatua que ha caído

El agua arrastra ya sólo desechos
va muriendo

y en mitad del viento
silban apenas areniscas
retazos de la efigie polvorienta

Pocos quedan
se lanzan surco abajo
asidos a la ya vieja costumbre
de no pensar   sólo caminar
buscando de nuevo el mismo trazo
ansiosos y temblando

no lo divisan
y les pesa como rocas en el cuello
            y en las piernas

de pies a cabeza van desnudos
(siempre lo estuvieron)
mudos (era su insignia cada día)

el esfuerzo de pensar
costumbre perdida   muy lejana

innecesario para bogar
en su única barcaza
en el lugar donde parezca
(y se lo crean)
que nada ocurre ni les ocurrirá

Otros permanecen
inmóviles sin saber a dónde ir

o si tiene que ir a alguna parte

En la multitud se retrocede
de sí misma retrocede
dejándose en la noche
todo lo que sintió su plenitud
                    y era oquedad

El Venerado
ni siquiera olfateó que estaba solo
en medio de nadie y de ninguna parte
insistió sólo en la sospecha
de que podían abjurar y abandonarlo

ya lo ha sido

¿dónde está ahora el camino
44 que debe descubrirse o levantarse?

La caída

con sus derrumbes y cenizas

es, sin más, terca soledad

sencillez profunda
como el instante de la muerte

Copas vacías

Van sus ojos
todas sus miradas
tras los rastros del idolatrado

Cada oreja siente sus rugidos

Cada mano atisba sus zapatos
o sus botas

Para los uniformes multitud de cuerpos
vestirlos del mismo modo para siempre
almas   palabras   rostros
pasos y cabezas

El río pasa
bajan las aguas   se resecan

El idolatrado
en largos soliloquios
resopló sin macerar
órdenes, mandos
circunloquios siempre iguales
ruidos inmutables una y otra hora

Las vestimentas
descoloridas,
sucias de arrastrarse tras la sombra

ahora nada más que sombra
extendiéndose en la noche

45

Después de años
el vaso se carcome en la rutina

El tiempo nunca absuelve
y nadie aguanta el vacío de las copas

Sin estruendo
todas comenzaron a quebrarse

Observados para siempre

Se da la vuelta

Sus ojos fija en cada uno

observa sin inquietarse

ningún movimiento
en su rostro   en sus manos

Sólo
mirada fría
seca

bajan la cabeza
amontonan a su lado las banderas
sobre las que ya no soplan vientos favorables
ni propician sumisiones

escurren suciedad y sangre
ya no el oro
ni los porvenires y designios que antes entonaban

Ella los observa
da la vuelta
y paso a paso sale de la escena
donde marca sus signos indelebles

47

se llevan las manos a la cara
se tapan los cabellos
bajan el torso
doblan las rodillas

nunca se engañaron a sí mismos
saben lo que son

destilan los rastros
de aquellos que abatieron
de todo aquel que resistió

Mientras mayor
es el intento de abrirse hacia la fuga
más profunda se les clava esa mirada
que al no decirles nada todo se los dice

esa mano
que al no señalarlos
los señala

ese silencio
que al omitir los gritos
sentencia la condena

La cárcel ya no importa

esos ojos
esas manos
estén donde estén

nunca más podrán comer en paz

incluso antes y después
de que el telón haya caído
no dejan de ser eso que son

nunca más que eso
y nunca menos

y lo saben

Ella
los observa

no deja de observarlos

Nunca estamos a salvo

Domina brioso la espesura
regala lluvias y ardor
entre el abrirse del último mes
y el de comienzos

Los olfatos del otro
a causa del galope blanco tan veloz
no descubren el cuerpo
ni sus huellas

ordena la captura con voz enrojecida
ojos iracundos
inflamados de cegueras

En silencio visible
el galope cada vez más fulgurante
atrae cuerpo de las aguas
materia de montañas
la voz profunda   no lejana
de los cielos y las gentes

habla su voz
     también desde el pasado
incluso en el futuro
        habla

El rostro del otro
quiso emitir un canto
y sólo pudo golpear contra la mesa
la mano hinchada
contra su vientre de animal ya muerto
y arrojado

Comenzaron a oírse los pasos y las manos
las miradas
los rostros de las gentes

no el galope

sólo en presente su voz enuncia
  para encontrar el hoy
              el porvenir

En el otro

   Venerado, Idolatrado

los oídos asfixiaban
en unción de sus fanáticos

en los que resistieron
y hasta en los primeros que cedieron
vio llegada la hora requerida
          a ras de calles
y en la ropa de los días

para volver a levantarse
sin importarle el tiempo necesario
     el unicornio
enfrenta las tormentas de consignas
y de piedras

y nos llevó

al menos por ahora

con nuestros pasos   nuestras manos

51

a derrumbar los rituales
        las ofrendas
que ya en su estatua
el Reverenciado reclamaba

voces
en la palabra cruda de las luchas

por más que duerman

en algún lugar de casi todos
están siempre vigilantes

las que redimen   las que asaltan

el navegante traza su ruta
  en clave de hoy
      para hoy, también para mañana
con unas pocas estrellas diurnas
que sus ojos nunca ven

jamás estaremos a salvo (es la voz de cada día)
  y menos ellos

el poema lo sabe:

la gente   subversiva
derrota a la Historia   y la revive

Viaje que no concluye

Tan pesimista es la verdad
que a pesar de sus arrojos
ni siquiera a sí misma se soporta

o tan plena de optimismo
que sale a navegar
con nosotros apresados en sus dientes
y no importa si es verdad o no lo es

   ni siquiera
      si somos dignos de saberlo

al menos será un día   otro más
donde los cataclismos
no disfruten talando nuestras puertas
trizando paredes y ventanas

a ciertas horas   ciertos días
somos capaces de cerrarlas
contra el rostro de farsa y disimulo

también   pero no siempre
contra verdades
que propician fuegos nítidos
en el centro del pecho y la razón

53

otros las quisieron bien abiertas
sin importarles
si eran limpias las verdades
o árboles de fronda contagiosa
para treparlos y encubrirse

idolatrados con idólatras
en tiempos banales   pavorosos
        resucitan veneraciones sin pudor

con aguas y penumbras
desbocan su bramar
contra todo rumor libre
hasta la asfixia
de la conciencia propia o de la nuestra

en contra de las gemas de humo y de papel
        resistieron
las palabras
los cuerpos
la totalidad del corazón en la conciencia

en este tiempo
en cualquier otro también
sea en la luz o en la negrura

ante sus asedios
y sus bagatelas insolentes
opusieron manos y voces

ya sabemos:

como las aves
la verdad
        puede emigrar

y cuando regrese   que lo hará
igual que las aves
    otra vez puede emigrar

como las aves, insistamos,

verdad   idolatría

vuelven y emigran

ningún viaje
al alma principal de este combate
tiene frontera
        o finaliza

la luz
    entretanto
no deja de colarse por las grietas
    por lo menos una vez en cada día

Mis agradecimientos:

a **José Fernández de la Sota que, sin proponérselo, me recordó las palabras de Sartre;**

a **Leonard Cohen, W. S. Merwin y Armando Rojas Guardia, por el préstamo de ciertos versos que incorporé, aquí y allá, en estos poemas.**

57

Índice

COLECCIÓN VITRALES DE ALEJANDRÍA (POESÍA)

- *Vitrales de Alejandría*, antología poética
- *Sable* de Edda Armas (Premio Municipal de Poesía, 1995)
- *Sultani* de Abraham Abraham
- *Kikalia* de Marcia Ottaviani (Cuba)
- *Sueño de un día* de Luis Gerardo Mármol
- *Cuira* de Carmen Verde Arocha
- *El sonido y el sentido* de Carmelo Chillida
- *En caso de que todo falle* de Graciela Bonnet
- *Cantos hiperrealistas* de José Luis Ochoa
- *Sesión de endodoncia* de Marha Kornblith
- *Que nadie me pida que lo ame* de Alexis Romero
- *El ojo de la orca* de Blanca Elena Pantin
- *Entre objetos respirando* de Gina Saraceni
- *Los trabajos interminables* de María Antonieta Flores
- *El atlas de la memoria* de Toni Montesinos (España)
- *El linchamiento* de los caballos expósitos de Rolando Jorge (Cuba)
- *Sed* de Eleonora Requena
- *Canción del difunto* de Alejandro Suárez
- *Día de San José* de Erika Reginato
- *Umbría* de Rafael Courtoisie (Uruguay)
- *La mudanza* de Gabriela Rosas
- *Tánger* de Pia Pedersen
- *Memoria ovalada* de Enrique Moya (Austria)
- *La transparencia y el enigma* de Irma Huncal
- *Me muevo aparte de la noche* de Lilian Navarro
- *Vaivén* de Juan Liscano
- *Tatuaje* de Leonardo Padrón
- *Anochecí por dentro* de Blanca de González
- *Enseres* de Julio César Rossitto
- *Desconocida* de María Auxiliadora Chirinos
- *Las tintas del escriba* de Ángel Galindo
- *La jaula de la sibila* de Moraima Guanipa

FUEGOS BAJO EL AGUA (ENSAYO)

- *Breve tratado de la noche* de Juan Carlos Santaella
- *Satisfacciones imaginarias I. Una indagación sobre lingüística y poética* de Francisco Javier Pérez
- *Vueltas a la Patria* de Rafael Arráiz Lucca
- *Satisfacciones imaginarias II. Indagaciones sobre lenguaje, literatura y música* de Francisco Javier Pérez
- *El Caribe tiene de nombre de mujer. Identidad cultural en la literatura del Caribe anglófono: Jean Rhys* de Corina Yoris-Villasana
- *La granja bella de la casa* de Elizabeth Schön
- *El coro de las voces solitarias* de Rafael Arráiz Lucca
- *Cuatro estaciones para Ungaretti* de Erika Reginato
- *Cómo editar y publicar un libro. El dilema del autor* de Carmen Verde Arocha

CATEDRAL SOLAR (ENTREVISTAS Y TESTIMONIOS)

- *Acercamientos a Alfredo Silva Estrada* de Chefi Borzacchini

EL FALSO CUADERNO (NARRATIVA)

- *Cuentos para gnomos* de Deyanira Díaz
- *Breviario del ocio* de Carmen Rosa Gómez
- *El mundo sin geometría* de Enrique Moya
- *Lucía* de Ligia Mujica de Tovar
- *Qué habrá sido de Herbert Marcurse* de Jacobo Penzo
- *Vieja Verde* de Alicia Freilich

EL PATIO DE LAS ANCÍZAR (DRAMATURGIA)

- *Lo escuché llorar en mi boca. Tríptico de Caracas* de Joaquín Ortega
- *Polvo de hormiga hembra* de Yoyiana Ahumada

SERIE LOS CUADERNOS DEL DESTIERRO

- *El libro de la tribu* de Santos López
- *Martha Kornblith. Obra completa*

COLECCIÓN AUTORES EMERGENTES

- *La memoria de los trenes* de Victoria Benarroch (POESÍA)
- *Bitácoras de mundos imposibles* de Saúl Rojas Blonval (NARRATIVA)
- *Ucronías. Ficciones Filosóficas* de George Galo (NARRATIVA)
- *Casa de Espejos* de María Consuelo Bianchi (POESÍA)

ECLEPSIDRA EN RED

- *Cómo editar y publicar un libro. El dilema del autor* de Carmen Verde Arocha
- *Bitácoras de mundos imposibles* de Saúl Rojas Blonval
- *En el jardín de Kori* de Carmen Verde Arocha
- *Ucronías. Ficciones Filosóficas* de George Galo
- *Plexo solar* de Rafael Arráiz Lucca
- *El hueso pélvico* de Yolanda Pantin